监察法

学习宣传本

中国法治出版社

出 版 说 明

第十三届全国人民代表大会第一次会议于 2018 年 3 月 20 日审议通过的《中华人民共和国监察法》(以下简称《监察法》),是深化国家监察体制改革的重大制度成果。《监察法》的实施,对加强党对反腐败工作的集中统一领导,构建集中统一、权威高效的中国特色国家监察体制,实现对公职人员的监察全覆盖发挥了重要作用。与此同时,以习近平同志为核心的党中央从推进党的自我革命、健全党和国家监督体系的高度,对持续深化国家监察体制改革作出重要部署,反腐败斗争面临新的形势和任务,全面建设社会主义现代化国家对纪检监察工作高质量发展提出新的要求,迫切需要与时俱进地对《监察法》作出修改完善。 2024 年 12 月 25 日,《全国人民代表大会常务委员会关于修改〈中华人民共和国监察法〉的决定》[1] 由中华人民共和

---

[1] 中华人民共和国主席令第四十二号公布,自 2025 年 6 月 1 日起施行。

国第十四届全国人民代表大会常务委员会第十三次会议通过。

为了帮助广大读者更好地了解和学习新修正的《监察法》，帮助有需要的读者更好地掌握开展监察工作的相关内容，特编写此学习宣传本。

本书具有如下特点：

一是针对部分条文补充相关知识点和案例，梳理延伸知识，便于更好地普及监察相关法律知识。

二是采用大字版式，更加适合读者学习使用。

三是编写了条文主旨，便于读者更好地理解法条主要内容。

四是采用双色印刷，区分不同板块，为读者提供更好的阅读体验。

希望本书能够为广大读者了解、学习《监察法》及相关知识提供一定便利和帮助。同时，也希望本书能对新时代法治宣传教育工作的持续开展起到一定的助推作用。

目 录

中华人民共和国监察法

第一章 总 则/1

第一条　【立法目的和依据】/1
第二条　【指导思想】/1
　　　　知识点：监察工作的指导思想和坚持党的全面领导/2
第三条　【各级监察委员会的性质和职能】/2
　　　　知识点：监察委员会和《监察法》/3
第四条　【监察委员会依法独立行使监察权，监察机关与其他机关、部门的配合与制约】/3
第五条　【监察工作遵循的原则】/4
　　　　知识点：监察工作的原则/4

第 六 条　【监察工作的方针】/ 5

第二章　监察机关及其职责/ 5

第 七 条　【国家和地方监察委员会】/ 5

第 八 条　【国家监察委员会的产生、职责、组成、任期及与国家最高权力机关的关系】/ 5

第 九 条　【地方各级监察委员会的产生、职责、组成、任期及与权力机关、上级监察委员会的关系】/ 6

第 十 条　【监察委员会的上下级领导关系】/ 7

第十一条　【监察委员会的职责】/ 7

第十二条　【监察机构、监察专员的派驻、派出与再派出】/ 7

知识点：监察机构、监察专员的派驻、派出与再派出/ 8

第十三条　【派驻或者派出的监察机构、监察专员的职责】/ 10

知识点：《纪检监察机关派驻机构工作规则》/ 10

　　　　　　案　例：崔某骗领财政惠民惠农
　　　　　　补贴资金案/ 11
第十四条　【国家实行监察官制度】/ 12
　　　　　　知识点：监察官/ 12

第三章　监察范围和管辖/ 13

第十五条　【监察范围】/ 13
第十六条　【管辖原则】/ 14
第十七条　【指定管辖和报请上级管辖】/ 14
　　　　　　知识点：纪律检查委员会与监察
　　　　　　委员会合署办公/ 15
　　　　　　案　例：徐某对抗组织审查案/ 15

第四章　监察权限/ 18

第十八条　【收集、调取证据的一般规则】/ 18
第十九条　【对可能发生职务违法的监察对
　　　　　　象的处理】/ 18
　　　　　　知识点：监察谈话/ 18
第二十条　【谈话和讯问】/ 19

3

第二十一条　【强制到案】/ 19

第二十二条　【询问证人】/ 19

第二十三条　【责令候查】/ 19

第二十四条　【留置】/ 20

第二十五条　【管护】/ 21

知识点：新增强制到案、责令候查、管护三种监察强制措施/ 22

第二十六条　【查询、冻结、退还】/ 23

第二十七条　【搜查】/ 23

第二十八条　【调取、查封、扣押、退还】/ 24

第二十九条　【勘验检查与调查实验】/ 24

第 三 十 条　【指派、聘请有专门知识的人进行鉴定并出具鉴定意见】/ 25

第三十一条　【技术调查措施及其期限】/ 25

第三十二条　【通缉】/ 25

第三十三条　【限制出境】/ 26

第三十四条　【认罪认罚从宽处罚】/ 26

第三十五条　【揭发或提供重要线索的从宽处罚】/ 26

第三十六条　【依法收集的证据材料的法律效力、要求和标准，非法证据排除规则】／27

第三十七条　【职务违法或者职务犯罪的问题线索的调查处置】／27

第五章　监察程序／28

第三十八条　【对报案或者举报的处理】／28

第三十九条　【监察机关应当严格按照程序开展工作，加强相关监督管理】／28

第 四 十 条　【问题线索处置程序和要求】／28

第四十一条　【问题线索的初步核实】／28

第四十二条　【需要追究法律责任的立案及立案后的处理】／29

第四十三条　【调查取证工作要求】／29

第四十四条　【采取调查措施的程序要求】／30

第四十五条　【严格执行调查方案和重要事项按程序请示报告】／30

第四十六条　【强制到案、责令候查、管护的批准及相关时间规定】／31

第四十七条　【采取留置措施的程序要求】/ 31

第四十八条　【留置措施的期限、期限延长、变更、期限重新计算】/ 31

第四十九条　【强制到案、责令候查、管护、留置措施的执行】/ 32

第 五 十 条　【采取管护或者留置措施后的相关通知义务，被管护人员、被留置人员的合法权益保障及刑期折抵】/ 33

知识点：采取管护或者留置措施后的相关通知义务和被管护人员、被留置人员合法权益保障/ 34

第五十一条　【调查工作结束后的全面审理】/ 35

第五十二条　【根据监督、调查结果对被调查人进行处置】/ 35

第五十三条　【涉案财物的处置】/ 36

第五十四条　【检察机关对监察机关移送的案件的处理】/ 36

第五十五条　【被调查人逃匿、死亡案件违法所得的没收】/ 37

第五十六条　【监察对象申请复审、复核】/ 37

第六章　反腐败国际合作／38

第五十七条　【国家监察委员会统筹协调反腐败国际交流、合作】／38

第五十八条　【反腐败执法司法合作和司法协助】／38

第五十九条　【反腐败国际追逃追赃和防逃工作】／38

　　　　　　知识点：国家监察委员会在反腐败国际合作中的工作职责／39

　　　　　　案　例："红通人员"王某回国投案／40

第七章　对监察机关和监察人员的监督／42

第 六 十 条　【人大监督】／42

第六十一条　【外部监督】／42

第六十二条　【特约监察员】／42

第六十三条　【内部监督】／43

第六十四条　【禁闭措施】／43

第六十五条　【监察人员的守法义务和业务能力等要求】／43

第六十六条 【对监察人员有关情况的报告备案】/ 43

第六十七条 【回避制度】/ 44

第六十八条 【监察人员离岗离职的脱密期管理和从业限制】/ 44

第六十九条 【申诉制度】/ 45

第七十条 【负有责任的领导人员和直接责任人员的责任追究】/ 46

知识点：加强对监察机关和监察人员的监督/ 46

第八章　法律责任/ 47

第七十一条 【对拒不执行处理决定或者无正当理由拒不采纳监察建议的处理】/ 47

知识点：监察建议和监察建议书/ 47

第七十二条 【对阻碍、干扰监察工作的处理】/ 48

第七十三条 【对报复陷害、诬告陷害的处理】/ 49

知识点：纪检监察机关处理检举控告工作的原则/ 49

第七十四条 【对监察机关及其工作人员违法行使职权的责任追究】/ 50

案　　例：某区纪委监委环保问责简单泛化案/ 51

第七十五条 【对构成犯罪的追究刑事责任】/ 53

第七十六条 【监察机关的国家赔偿责任】/ 53

第九章　附　则/ 53

第七十七条 【中国人民解放军和中国人民武装警察部队开展监察工作的特殊规定】/ 53

第七十八条 【施行时间】/ 54

中华人民共和国监察法

（2018年3月20日第十三届全国人民代表大会第一次会议通过 根据2024年12月25日第十四届全国人民代表大会常务委员会第十三次会议《关于修改〈中华人民共和国监察法〉的决定》修正）

第一章 总　　则

第一条 【立法目的和依据】① 为了深入开展廉政建设和反腐败工作，加强对所有行使公权力的公职人员的监督，实现国家监察全面覆盖，持续深化国家监察体制改革，推进国家治理体系和治理能力现代化，根据宪法，制定本法。

第二条 【指导思想】坚持中国共产党对国家监察工作的领导，以马克思列宁主义、毛泽东思想、邓小平理论、"三个代表"重要思想、科学发

---

① 条文主旨为编者所加，仅供参考。

展观、习近平新时代中国特色社会主义思想为指导，构建集中统一、权威高效的中国特色国家监察体制。

知识点 监察工作的指导思想和坚持党的全面领导

为坚持和加强党对反腐败工作的集中统一领导，《监察法》规定：坚持中国共产党对国家监察工作的领导，以马克思列宁主义、毛泽东思想、邓小平理论、"三个代表"重要思想、科学发展观、习近平新时代中国特色社会主义思想为指导，构建集中统一、权威高效的中国特色国家监察体制。（《监察法》第二条）

坚持中国共产党对监察工作的全面领导，增强政治意识、大局意识、核心意识、看齐意识，坚定中国特色社会主义道路自信、理论自信、制度自信、文化自信，坚决维护习近平总书记党中央的核心、全党的核心地位，坚决维护党中央权威和集中统一领导，把党的领导贯彻到监察工作各方面和全过程。[《中华人民共和国监察法实施条例》（自2021年9月20日起施行，以下简称《监察法实施条例》）第二条]

第三条 【各级监察委员会的性质和职能】各级监察委员会是行使国家监察职能的专责机关，依照本法对所有行使公权力的公职人员（以下称公职人员）进行监察，调查职务违法和职务犯罪，开展廉政建设和反腐败工作，维护宪法和法律的尊严。

> **知识点** 监察委员会和《监察法》

2018年3月11日，第十三届全国人民代表大会第一次会议通过《中华人民共和国宪法修正案》，在《中华人民共和国宪法》（以下简称《宪法》）第三章"国家机构"中增加一节，作为第七节"监察委员会"。《宪法》第一百二十三条规定："中华人民共和国各级监察委员会是国家的监察机关。" 2018年3月20日，第十三届全国人民代表大会第一次会议通过《监察法》。2018年3月23日，中华人民共和国国家监察委员会在北京揭牌，举行新任国家监察委员会副主任、委员宪法宣誓仪式。

第四条　【监察委员会依法独立行使监察权，监察机关与其他机关、部门的配合与制约】监察委员会依照法律规定独立行使监察权，不受行政机关、社会团体和个人的干涉。

监察机关办理职务违法和职务犯罪案件，应当与审判机关、检察机关、执法部门互相配合，互相制约。

监察机关在工作中需要协助的,有关机关和单位应当根据监察机关的要求依法予以协助。

第五条 【监察工作遵循的原则】国家监察工作严格遵照宪法和法律,以事实为根据,以法律为准绳;权责对等,严格监督;遵守法定程序,公正履行职责;尊重和保障人权,在适用法律上一律平等,保障监察对象及相关人员的合法权益;惩戒与教育相结合,宽严相济。

知识点 监察工作遵循的原则

监察工作应遵循以下五项原则:一是国家监察工作严格遵照宪法和法律,以事实为根据,以法律为准绳;二是权责对等,严格监督;三是遵守法定程序,公正履行职责;四是尊重和保障人权,在适用法律上一律平等,保障监察对象及相关人员的合法权益;五是惩戒与教育相结合,宽严相济。(《监察法》第五条)

《监察法实施条例》也有相关规定。监察机关应当依法履行监督、调查、处置职责,坚持实事求是,坚持惩前毖后、治病救人,坚持惩戒与教育相结合,实现政治效果、法律效果和社会效果相统一。(《监察法实施条例》第四条)监察机关应当在适用法律上一律平等，充分保障监察对象以及相关人员的人身权、知情权、财产权、申辩权、申诉权以及申请复审复核权等合法权益。(《监察法实施条例》第七条)

第六条　【监察工作的方针】国家监察工作坚持标本兼治、综合治理，强化监督问责，严厉惩治腐败；深化改革、健全法治，有效制约和监督权力；加强法治教育和道德教育，弘扬中华优秀传统文化，构建不敢腐、不能腐、不想腐的长效机制。

第二章　监察机关及其职责

第七条　【国家和地方监察委员会】中华人民共和国国家监察委员会是最高监察机关。

省、自治区、直辖市、自治州、县、自治县、市、市辖区设立监察委员会。

第八条　【国家监察委员会的产生、职责、组成、任期及与国家最高权力机关的关系】国家监察委员会由全国人民代表大会产生，负责全国监察工作。

国家监察委员会由主任、副主任若干人、委员若干人组成,主任由全国人民代表大会选举,副主任、委员由国家监察委员会主任提请全国人民代表大会常务委员会任免。

国家监察委员会主任每届任期同全国人民代表大会每届任期相同,连续任职不得超过两届。

国家监察委员会对全国人民代表大会及其常务委员会负责,并接受其监督。

第九条 【地方各级监察委员会的产生、职责、组成、任期及与权力机关、上级监察委员会的关系】地方各级监察委员会由本级人民代表大会产生,负责本行政区域内的监察工作。

地方各级监察委员会由主任、副主任若干人、委员若干人组成,主任由本级人民代表大会选举,副主任、委员由监察委员会主任提请本级人民代表大会常务委员会任免。

地方各级监察委员会主任每届任期同本级人民代表大会每届任期相同。

地方各级监察委员会对本级人民代表大会及其常务委员会和上一级监察委员会负责,并接受其监督。

第十条 【监察委员会的上下级领导关系】国家监察委员会领导地方各级监察委员会的工作，上级监察委员会领导下级监察委员会的工作。

第十一条 【监察委员会的职责】监察委员会依照本法和有关法律规定履行监督、调查、处置职责：

（一）对公职人员开展廉政教育，对其依法履职、秉公用权、廉洁从政从业以及道德操守情况进行监督检查；

（二）对涉嫌贪污贿赂、滥用职权、玩忽职守、权力寻租、利益输送、徇私舞弊以及浪费国家资财等职务违法和职务犯罪进行调查；

（三）对违法的公职人员依法作出政务处分决定；对履行职责不力、失职失责的领导人员进行问责；对涉嫌职务犯罪的，将调查结果移送人民检察院依法审查、提起公诉；向监察对象所在单位提出监察建议。

第十二条 【监察机构、监察专员的派驻、派出与再派出】各级监察委员会可以向本级中国共产党机关、国家机关、中国人民政治协商会议委员会机关、法律法规授权或者委托管理公共事务的组织和单位以及辖区内特定区域、国有企业、事业单位等派驻或者派出监察机构、监察专员。

经国家监察委员会批准，国家监察委员会派驻本级实行垂直管理或者双重领导并以上级单位领导为主的单位、国有企业的监察机构、监察专员，可以向驻在单位的下一级单位再派出。

经国家监察委员会批准，国家监察委员会派驻监察机构、监察专员，可以向驻在单位管理领导班子的普通高等学校再派出；国家监察委员会派驻国务院国有资产监督管理机构的监察机构，可以向驻在单位管理领导班子的国有企业再派出。

监察机构、监察专员对派驻或者派出它的监察委员会或者监察机构、监察专员负责。

知识点 监察机构、监察专员的派驻、派出与再派出

《监察法》第十二条第一款规定了派驻或者派出制度。"各级监察委员会可以向本级中国共产党机关、国家机关、中国人民政治协商会议委员会机关、法律法规授权或者委托管理公共事务的组织和单位以及辖区内特定区域、国有企业、事业单位等派驻或者派出监察机构、监察专员。"第二款及第三款规定了监察机构、监察专员的再派出制度。"经国家监察委

员会批准,国家监察委员会派驻本级实行垂直管理或者双重领导并以上级单位领导为主的单位、国有企业的监察机构、监察专员,可以向驻在单位的下一级单位再派出。经国家监察委员会批准,国家监察委员会派驻监察机构、监察专员,可以向驻在单位管理领导班子的普通高等学校再派出;国家监察委员会派驻国务院国有资产监督管理机构的监察机构,可以向驻在单位管理领导班子的国有企业再派出。"第四款规定则体现了监察委员会或者监察机构、监察专员与其派驻或者派出的监察机构、监察专员之间的关系。"监察机构、监察专员对派驻或者派出它的监察委员会或者监察机构、监察专员负责。"

《监察法实施条例》第十二条第一款及第二款也有相关规定:"各级监察委员会依法向本级中国共产党机关、国家机关、法律法规授权或者受委托管理公共事务的组织和单位以及所管辖的国有企业事业单位等派驻或者派出监察机构、监察专员。省级和设区的市级监察委员会依法向地区、盟、开发区等不设置人民代表大会的区域派出监察机构或者监察专员。县级监察委员会和直辖市所辖区(县)监察委员会可以向街道、乡镇等区域派出监察机构或者监察专员。"

第十三条 【派驻或者派出的监察机构、监察专员的职责】派驻或者派出的监察机构、监察专员根据授权,按照管理权限依法对公职人员进行监督,提出监察建议,依法对公职人员进行调查、处置。

知识点 《纪检监察机关派驻机构工作规则》

《纪检监察机关派驻机构工作规则》是为加强和规范纪检监察机关派驻机构工作,根据《中国共产党纪律检查委员会工作条例》和《监察法》制定的。该规则于2022年6月2日由中共中央政治局常委会会议审议批准,2022年6月22日由中共中央办公厅发布,自发布之日起施行。在党中央集中统一领导下,中央纪律检查委员会国家监察委员会向中央一级党和国家机关以及其他组织派驻纪检监察机构,地方各级纪律检查委员会监察委员会向本级党和国家机关以及其他组织派驻纪检监察机构。派驻机构是派出机关的组成部分,与驻在单位是监督和被监督的关系。

案例

崔某骗领财政惠民惠农补贴资金案[①]

崔某，中共党员，某乡某村原党支部书记、村民委员会主任。2019年3月至2020年9月，崔某在协助县、乡人民政府发放本村财政惠民惠农补贴资金中的退耕还林还草直补退耕农户资金的过程中，以其女儿的名义，弄虚作假，编造退耕还林还草亩数，骗领财政补贴资金8000元并据为己有。同时，崔某在担任村党支部书记、村民委员会主任期间，借过节之机，收受3名村集体经济合作社成员礼金1.2万元。2021年6月，崔某受到撤销党内职务处分，对其违纪违法所得2万元予以收缴；建议乡人民政府责令其辞去该村村民委员会主任职务，拒不辞职的，依法罢免其村民委员会主任职务，停止发放其补贴、奖金。2021年7月，崔某辞去了该村村民委员会主任职务。

[①] 参见《中央纪委国家监委发布第二批执纪执法指导性案例》，载中央纪委国家监委网站，https：//www.ccdi.gov.cn/toutiaon/202112/t20211229_160814.html，最后访问时间：2024年12月25日。

> 评析

对于基层群众性自治组织中从事管理的人员的贪腐问题，纪检监察机关应严格依规依纪依法予以整治处理，坚决纠正漠视和侵害群众利益的问题，注重党纪和政务处分精准匹配，确保执纪执法综合效果。在纪检监察工作中，对基层群众性自治组织中从事管理的人员的处分，尤其是党纪、政务轻处分，对其职务、利益影响较小，导致违纪违法成本较低，有的人员在受处分后甚至继续违纪违法。县（市、区、旗）纪委监委应当协助同级党委做好基层群众性自治组织中从事管理的人员受处分后的相关处理工作，以严肃监督执纪问责，推动全面从严治党不断向基层延伸。

第十四条　【国家实行监察官制度】国家实行监察官制度，依法确定监察官的等级设置、任免、考评和晋升等制度。

> 知识点　监察官

《中华人民共和国监察官法》（以下简称《监察官法》）第三条规定，监察官包括下列人员：（1）各级监察委员会的主任、副主任、委员；（2）各级监察委员会机关中的监察人员；（3）各级监察委员会派驻或者派出到中国共产党机关、国家机关、法律法规授权或者委托管理公共事务的组织和单位以及所管辖的行政区域等的监察机构中的监察人员、监察专员；

（4）其他依法行使监察权的监察机构中的监察人员。

对各级监察委员会派驻到国有企业的监察机构工作人员、监察专员，以及国有企业中其他依法行使监察权的监察机构工作人员的监督管理，参照执行《监察官法》有关规定。

第三章　监察范围和管辖

第十五条　【监察范围】监察机关对下列公职人员和有关人员进行监察：

（一）中国共产党机关、人民代表大会及其常务委员会机关、人民政府、监察委员会、人民法院、人民检察院、中国人民政治协商会议各级委员会机关、民主党派机关和工商业联合会机关的公务员，以及参照《中华人民共和国公务员法》管理的人员；

（二）法律、法规授权或者受国家机关依法委托管理公共事务的组织中从事公务的人员；

（三）国有企业管理人员；

（四）公办的教育、科研、文化、医疗卫生、体育等单位中从事管理的人员；

（五）基层群众性自治组织中从事管理的人员；

（六）其他依法履行公职的人员。

第十六条　【管辖原则】各级监察机关按照管理权限管辖本辖区内本法第十五条规定的人员所涉监察事项。

上级监察机关可以办理下一级监察机关管辖范围内的监察事项，必要时也可以办理所辖各级监察机关管辖范围内的监察事项。

监察机关之间对监察事项的管辖有争议的，由其共同的上级监察机关确定。

第十七条　【指定管辖和报请上级管辖】上级监察机关可以将其所管辖的监察事项指定下级监察机关管辖，也可以将下级监察机关有管辖权的监察事项指定给其他监察机关管辖。

监察机关认为所管辖的监察事项重大、复杂，需要由上级监察机关管辖的，可以报请上级监察机关管辖。

> **知识点** 纪律检查委员会与监察委员会合署办公

2021年12月24日中共中央发布的《中国共产党纪律检查委员会工作条例》第七条规定，党的中央纪律检查委员会与国家监察委员会合署办公，党的地方各级纪律检查委员会与地方各级监察委员会合署办公，实行一套工作机构、两个机关名称，履行党的纪律检查和国家监察两项职责，实现纪委监委领导体制和工作机制的统一融合，集中决策、一体运行，坚持纪严于法，执纪执法贯通。

案例

徐某对抗组织审查案[①]

徐某，中共党员，A省交通运输厅原党组成员、副厅长。2020年10月，徐某接受私营企业主陈某请托，利用职务上的便利为陈某在A省承接道路工程项目提供帮助，收受陈某现金20万元。2021年3月，A省纪委监委接到反映徐某在工程领域以权谋私的匿名举报，经

[①] 参见《中央纪委国家监委发布第三批执纪执法指导性案例》，载中央纪委国家监委网站，https://www.ccdi.gov.cn/toutiaon/202206/t20220629_201943.html，最后访问时间：2024年12月25日。

研判认为举报信反映的问题线索较为笼统，可查性不强，决定对徐某进行函询。徐某随即与陈某串供，统一口径声称上述20万元系借款，并伪造了借据、收条，制造了借款、还款假象。此后，在给A省纪委监委的书面回复中，徐某自称因儿子生病住院急需用钱，曾向承接A省道路工程项目的私营企业主陈某借款20万元，已经归还，但并未利用职权帮助陈某承接工程项目，也没有任何以权谋私的行为，同时主动表示向管理服务对象借款确有不妥，愿意承认错误、接受处理。A省纪委监委收到函询回复后，认为徐某问题较为轻微，对其予以批评教育。2022年1月，A省纪委监委接到反映徐某收受陈某贿赂的信访举报，初步核实后对徐某涉嫌违纪违法问题立案审查调查，查明其收受陈某20万元贿赂的事实。同年5月，徐某受到开除党籍、开除公职处分，其涉嫌受贿犯罪问题被移送检察机关依法审查起诉。

评析

本案处理过程中，关于徐某与陈某串供、伪造证据的问题，应当认定为对抗组织审查。国家监察体制改革后，纪委与监委合署办公，履行党的纪律检查和国家监察两项职责，要求纪检监察机关自觉将纪律和规矩挺在前面，用纪律和法律两把尺子来衡量违纪违法行为，坚持纪严于法、执纪执法贯通。实践中，一些违反党纪的行为可能并不同时构成职务违法。比如，阻止他人检举、提供证据，串供或者伪造、隐匿、毁灭证据，包庇同案人员等行为，依照《中国共产党纪律处分条例》第五十六条①规定，构成对抗组织审查，违反了党的政治纪律；但依照《中华人民共和国公职人员政务处分法》第十三条规定，上述行为只是在追究监察责任时的法定从重情节，并非独立的可作为政务处分依据的违法事实。同时，向组织提供虚假情况、掩盖事实的对抗组织审查行为，以及在组织谈话、函询时不如实说明问题的行为，分别违反了党的政治纪律和组织纪律；但依照《中华人民共和国公职人员政务处分法》的规定，上述行为既不是独立的违法行为，也不是法定的从重情节，仅属于在追究监察责任时应当考虑和把握的酌定从重情节。这就要求纪检监察机关在制作处分决定文书时，要注意精准表述，体现纪法双施双守的要求。

---

① 《中国共产党纪律处分条例》2023年12月8日经中共中央政治局会议第三次修订，现参见第六十三条。

第四章 监察权限

第十八条 【收集、调取证据的一般规则】监察机关行使监督、调查职权，有权依法向有关单位和个人了解情况，收集、调取证据。有关单位和个人应当如实提供。

监察机关及其工作人员对监督、调查过程中知悉的国家秘密、工作秘密、商业秘密、个人隐私和个人信息，应当保密。

任何单位和个人不得伪造、隐匿或者毁灭证据。

第十九条 【对可能发生职务违法的监察对象的处理】对可能发生职务违法的监察对象，监察机关按照管理权限，可以直接或者委托有关机关、人员进行谈话，或者进行函询，要求说明情况。

知识点 监察谈话

《监察法实施条例》第四章第三节规定了监察机关在问题线索处置、初步核实和立案调查中，可以依法对涉嫌职务违法的监察对象进行谈话。其中具体规定了如"负责谈话的人员不得少于二人"（第七十条第二款），应当出示《被调查人权利义务告知书》和出具《谈话通知书》（第七十四条第二款），"合理安排时间、控制时长，保证其饮食和必要的休息时间"（第七十七条），"必要时，调查人员可以要求被调查人自行书写说明材料"（第七十九条第一款）等内容。

第二十条 【谈话和讯问】在调查过程中，对涉嫌职务违法的被调查人，监察机关可以进行谈话，要求其就涉嫌违法行为作出陈述，必要时向被调查人出具书面通知。

对涉嫌贪污贿赂、失职渎职等职务犯罪的被调查人，监察机关可以进行讯问，要求其如实供述涉嫌犯罪的情况。

第二十一条 【强制到案】监察机关根据案件情况，经依法审批，可以强制涉嫌严重职务违法或者职务犯罪的被调查人到案接受调查。

第二十二条 【询问证人】在调查过程中，监察机关可以询问证人等人员。

第二十三条 【责令候查】被调查人涉嫌严重职务违法或者职务犯罪，并有下列情形之一的，经监察机关依法审批，可以对其采取责令候查措施：

（一）不具有本法第二十四条第一款所列情

形的；

（二）符合留置条件，但患有严重疾病、生活不能自理的，系怀孕或者正在哺乳自己婴儿的妇女，或者生活不能自理的人的唯一扶养人；

（三）案件尚未办结，但留置期限届满或者对被留置人员不需要继续采取留置措施的；

（四）符合留置条件，但因为案件的特殊情况或者办理案件的需要，采取责令候查措施更为适宜的。

被责令候查人员应当遵守以下规定：

（一）未经监察机关批准不得离开所居住的直辖市、设区的市的城市市区或者不设区的市、县的辖区；

（二）住址、工作单位和联系方式发生变动的，在二十四小时以内向监察机关报告；

（三）在接到通知的时候及时到案接受调查；

（四）不得以任何形式干扰证人作证；

（五）不得串供或者伪造、隐匿、毁灭证据。

被责令候查人员违反前款规定，情节严重的，可以依法予以留置。

第二十四条　【留置】被调查人涉嫌贪污贿

赂、失职渎职等严重职务违法或者职务犯罪，监察机关已经掌握其部分违法犯罪事实及证据，仍有重要问题需要进一步调查，并有下列情形之一的，经监察机关依法审批，可以将其留置在特定场所：

（一）涉及案情重大、复杂的；

（二）可能逃跑、自杀的；

（三）可能串供或者伪造、隐匿、毁灭证据的；

（四）可能有其他妨碍调查行为的。

对涉嫌行贿犯罪或者共同职务犯罪的涉案人员，监察机关可以依照前款规定采取留置措施。

留置场所的设置、管理和监督依照国家有关规定执行。

第二十五条 【管护】对于未被留置的下列人员，监察机关发现存在逃跑、自杀等重大安全风险的，经依法审批，可以进行管护：

（一）涉嫌严重职务违法或者职务犯罪的自动投案人员；

（二）在接受谈话、函询、询问过程中，交代涉嫌严重职务违法或者职务犯罪问题的人员；

（三）在接受讯问过程中，主动交代涉嫌重大职务犯罪问题的人员。

采取管护措施后,应当立即将被管护人员送留置场所,至迟不得超过二十四小时。

知识点 新增强制到案、责令候查、管护三种监察强制措施

2024年修正的《监察法》增加了强制到案、责令候查、管护三种监察强制措施,即"监察机关根据案件情况,经依法审批,可以强制涉嫌严重职务违法或者职务犯罪的被调查人到案接受调查"(第二十一条),"被调查人涉嫌严重职务违法或者职务犯罪,并有下列情形之一的,经监察机关依法审批,可以对其采取责令候查措施……"(第二十三条),"对于未被留置的下列人员,监察机关发现存在逃跑、自杀等重大安全风险的,经依法审批,可以进行管护……"(第二十五条)。

《监察法实施条例》第九十三条规定,被调查人具有下列情形之一的,可以认定为《监察法》所规定的可能逃跑、自杀:(1)着手准备自杀、自残或者逃跑的;(2)曾经有自杀、自残或者逃跑行为的;(3)有自杀、自残或者逃跑意图的;(4)其他可能逃跑、自杀的情形。《人民检察院刑事诉讼规则》(2019年12月30日起施行)第一百三十三条规定,犯罪嫌疑人具

有下列情形之一的，可以认定为"企图自杀或者逃跑"：（1）着手准备自杀、自残或者逃跑的；（2）曾经自杀、自残或者逃跑的；（3）有自杀、自残或者逃跑的意思表示的；（4）曾经以暴力、威胁手段抗拒抓捕的；（5）其他企图自杀或者逃跑的情形。

第二十六条 【查询、冻结、退还】监察机关调查涉嫌贪污贿赂、失职渎职等严重职务违法或者职务犯罪，根据工作需要，可以依照规定查询、冻结涉案单位和个人的存款、汇款、债券、股票、基金份额等财产。有关单位和个人应当配合。

冻结的财产经查明与案件无关的，应当在查明后三日内解除冻结，予以退还。

第二十七条 【搜查】监察机关可以对涉嫌职务犯罪的被调查人以及可能隐藏被调查人或者犯罪证据的人的身体、物品、住处和其他有关地方进行搜查。在搜查时，应当出示搜查证，并有被搜查人或者其家属等见证人在场。

搜查女性身体，应当由女性工作人员进行。

监察机关进行搜查时，可以根据工作需要提请公安机关配合。公安机关应当依法予以协助。

第二十八条 【调取、查封、扣押、退还】监察机关在调查过程中，可以调取、查封、扣押用以证明被调查人涉嫌违法犯罪的财物、文件和电子数据等信息。采取调取、查封、扣押措施，应当收集原物原件，会同持有人或者保管人、见证人，当面逐一拍照、登记、编号，开列清单，由在场人员当场核对、签名，并将清单副本交财物、文件的持有人或者保管人。

对调取、查封、扣押的财物、文件，监察机关应当设立专用账户、专门场所，确定专门人员妥善保管，严格履行交接、调取手续，定期对账核实，不得毁损或者用于其他目的。对价值不明物品应当及时鉴定，专门封存保管。

查封、扣押的财物、文件经查明与案件无关的，应当在查明后三日内解除查封、扣押，予以退还。

第二十九条 【勘验检查与调查实验】监察机关在调查过程中，可以直接或者指派、聘请具有专门知识的人在调查人员主持下进行勘验检查。勘验检查情况应当制作笔录，由参加勘验检查的人员和见证人签名或者盖章。

必要时，监察机关可以进行调查实验。调查实验情况应当制作笔录，由参加实验的人员签名或者盖章。

第三十条 【指派、聘请有专门知识的人进行鉴定并出具鉴定意见】监察机关在调查过程中，对于案件中的专门性问题，可以指派、聘请有专门知识的人进行鉴定。鉴定人进行鉴定后，应当出具鉴定意见，并且签名。

第三十一条 【技术调查措施及其期限】监察机关调查涉嫌重大贪污贿赂等职务犯罪，根据需要，经过严格的批准手续，可以采取技术调查措施，按照规定交有关机关执行。

批准决定应当明确采取技术调查措施的种类和适用对象，自签发之日起三个月以内有效；对于复杂、疑难案件，期限届满仍有必要继续采取技术调查措施的，经过批准，有效期可以延长，每次不得超过三个月。对于不需要继续采取技术调查措施的，应当及时解除。

第三十二条 【通缉】依法应当留置的被调查人如果在逃，监察机关可以决定在本行政区域内通缉，由公安机关发布通缉令，追捕归案。通缉范围超出本行政区域的，应当报请有权决定的上级监察机关决定。

第三十三条 【限制出境】监察机关为防止被调查人及相关人员逃匿境外，经省级以上监察机关批准，可以对被调查人及相关人员采取限制出境措施，由公安机关依法执行。对于不需要继续采取限制出境措施的，应当及时解除。

第三十四条 【认罪认罚从宽处罚】涉嫌职务犯罪的被调查人主动认罪认罚，有下列情形之一的，监察机关经领导人员集体研究，并报上一级监察机关批准，可以在移送人民检察院时提出从宽处罚的建议：

（一）自动投案，真诚悔罪悔过的；

（二）积极配合调查工作，如实供述监察机关还未掌握的违法犯罪行为的；

（三）积极退赃，减少损失的；

（四）具有重大立功表现或者案件涉及国家重大利益等情形的。

第三十五条 【揭发或提供重要线索的从宽处罚】职务违法犯罪的涉案人员揭发有关被调查人职务违法犯罪行为，查证属实的，或者提供重要线索，有助于调查其他案件的，监察机关经领导人员集体研究，并报上一级监察机关批准，可以在移送人民检察院时提出从宽处罚的建议。

第三十六条 【依法收集的证据材料的法律效力、要求和标准，非法证据排除规则】监察机关依照本法规定收集的物证、书证、证人证言、被调查人供述和辩解、视听资料、电子数据等证据材料，在刑事诉讼中可以作为证据使用。

监察机关在收集、固定、审查、运用证据时，应当与刑事审判关于证据的要求和标准相一致。

以非法方法收集的证据应当依法予以排除，不得作为案件处置的依据。

第三十七条 【职务违法或者职务犯罪的问题线索的调查处置】人民法院、人民检察院、公安机关、审计机关等国家机关在工作中发现公职人员涉嫌贪污贿赂、失职渎职等职务违法或者职务犯罪的问题线索，应当移送监察机关，由监察机关依法调查处置。

被调查人既涉嫌严重职务违法或者职务犯罪，又涉嫌其他违法犯罪的，一般应当由监察机关为主调查，其他机关予以协助。

第五章 监察程序

第三十八条 【对报案或者举报的处理】监察机关对于报案或者举报，应当接受并按照有关规定处理。对于不属于本机关管辖的，应当移送主管机关处理。

第三十九条 【监察机关应当严格按照程序开展工作，加强相关监督管理】监察机关应当严格按照程序开展工作，建立问题线索处置、调查、审理各部门相互协调、相互制约的工作机制。

监察机关应当加强对调查、处置工作全过程的监督管理，设立相应的工作部门履行线索管理、监督检查、督促办理、统计分析等管理协调职能。

第四十条 【问题线索处置程序和要求】监察机关对监察对象的问题线索，应当按照有关规定提出处置意见，履行审批手续，进行分类办理。线索处置情况应当定期汇总、通报，定期检查、抽查。

第四十一条 【问题线索的初步核实】需要采取初步核实方式处置问题线索的，监察机关应当依法履行审批程序，成立核查组。初步核实工作结束后，核查组应当撰写初步核实情况报告，提出处理建议。承办部门应当提出分类处理意见。初步核实情况报告和分类处理意见报监察机关主要负责人审批。

第四十二条 【需要追究法律责任的立案及立案后的处理】经过初步核实，对监察对象涉嫌职务违法犯罪，需要追究法律责任的，监察机关应当按照规定的权限和程序办理立案手续。

监察机关主要负责人依法批准立案后，应当主持召开专题会议，研究确定调查方案，决定需要采取的调查措施。

立案调查决定应当向被调查人宣布，并通报相关组织。涉嫌严重职务违法或者职务犯罪的，应当通知被调查人家属，并向社会公开发布。

第四十三条 【调查取证工作要求】监察机关对职务违法和职务犯罪案件，应当进行调查，收集被调查人有无违法犯罪以及情节轻重的证据，查明违法犯罪事实，形成相互印证、完整稳定的证据链。

调查人员应当依法文明规范开展调查工作。严禁以暴力、威胁、引诱、欺骗及其他非法方式收集证据，严禁侮辱、打骂、虐待、体罚或者变相体罚被调查人和涉案人员。

监察机关及其工作人员在履行职责过程中应当依法保护企业产权和自主经营权，严禁利用职权非法干扰企业生产经营。需要企业经营者协助调查的，应当保障其人身权利、财产权利和其他合法权益，避免或者尽量减少对企业正常生产经营活动的影响。

第四十四条 【采取调查措施的程序要求】调查人员采取讯问、询问、强制到案、责令候查、管护、留置、搜查、调取、查封、扣押、勘验检查等调查措施，均应当依照规定出示证件，出具书面通知，由二人以上进行，形成笔录、报告等书面材料，并由相关人员签名、盖章。

调查人员进行讯问以及搜查、查封、扣押等重要取证工作，应当对全过程进行录音录像，留存备查。

第四十五条 【严格执行调查方案和重要事项按程序请示报告】调查人员应当严格执行调查方案，不得随意扩大调查范围、变更调查对象和事项。

对调查过程中的重要事项，应当集体研究后按程序请示报告。

第四十六条 【强制到案、责令候查、管护的批准及相关时间规定】采取强制到案、责令候查或者管护措施，应当按照规定的权限和程序，经监察机关主要负责人批准。

强制到案持续的时间不得超过十二小时；需要采取管护或者留置措施的，强制到案持续的时间不得超过二十四小时。不得以连续强制到案的方式变相拘禁被调查人。

责令候查最长不得超过十二个月。

监察机关采取管护措施的，应当在七日以内依法作出留置或者解除管护的决定，特殊情况下可以延长一日至三日。

第四十七条 【采取留置措施的程序要求】监察机关采取留置措施，应当由监察机关领导人员集体研究决定。设区的市级以下监察机关采取留置措施，应当报上一级监察机关批准。省级监察机关采取留置措施，应当报国家监察委员会备案。

第四十八条 【留置措施的期限、期限延长、变更、期限重新计算】留置时间不得超过三个月。

在特殊情况下，可以延长一次，延长时间不得超过三个月。省级以下监察机关采取留置措施的，延长留置时间应当报上一级监察机关批准。监察机关发现采取留置措施不当或者不需要继续采取留置措施的，应当及时解除或者变更为责令候查措施。

对涉嫌职务犯罪的被调查人可能判处十年有期徒刑以上刑罚，监察机关依照前款规定延长期限届满，仍不能调查终结的，经国家监察委员会批准或者决定，可以再延长二个月。

省级以上监察机关在调查期间，发现涉嫌职务犯罪的被调查人另有与留置时的罪行不同种的重大职务犯罪或者同种的影响罪名认定、量刑档次的重大职务犯罪，经国家监察委员会批准或者决定，自发现之日起依照本条第一款的规定重新计算留置时间。留置时间重新计算以一次为限。

第四十九条 【强制到案、责令候查、管护、留置措施的执行】监察机关采取强制到案、责令候查、管护、留置措施，可以根据工作需要提请公安机关配合。公安机关应当依法予以协助。

省级以下监察机关留置场所的看护勤务由公安机关负责，国家监察委员会留置场所的看护勤务由国家另行规定。留置看护队伍的管理依照国家有关规定执行。

第五十条 【采取管护或者留置措施后的相关通知义务，被管护人员、被留置人员的合法权益保障及刑期折抵】采取管护或者留置措施后，应当在二十四小时以内，通知被管护人员、被留置人员所在单位和家属，但有可能伪造、隐匿、毁灭证据，干扰证人作证或者串供等有碍调查情形的除外。有碍调查的情形消失后，应当立即通知被管护人员、被留置人员所在单位和家属。解除管护或者留置的，应当及时通知被管护人员、被留置人员所在单位和家属。

被管护人员、被留置人员及其近亲属有权申请变更管护、留置措施。监察机关收到申请后，应当在三日以内作出决定；不同意变更措施的，应当告知申请人，并说明不同意的理由。

监察机关应当保障被强制到案人员、被管护人员以及被留置人员的饮食、休息和安全，提供医疗服务。对其谈话、讯问的，应当合理安排时间和时长，谈话笔录、讯问笔录由被谈话人、被讯问人阅看后签名。

被管护人员、被留置人员涉嫌犯罪移送司法机关后,被依法判处管制、拘役或者有期徒刑的,管护、留置一日折抵管制二日,折抵拘役、有期徒刑一日。

知识点 采取管护或者留置措施后的相关通知义务和被管护人员、被留置人员合法权益保障

《监察法》第五十条规定了采取管护或者留置措施的后续事宜,如"采取管护或者留置措施后,应当在二十四小时以内,通知被管护人员、被留置人员所在单位和家属,但有可能伪造、隐匿、毁灭证据,干扰证人作证或者串供等有碍调查情形的除外",同时也规定了"有碍调查的情形消失后,应当立即通知被管护人员、被留置人员所在单位和家属"。

被管护人员、被留置人员的合法权益应当得到保障,2024年修正的《监察法》增加规定"被管护人员、被留置人员及其近亲属有权申请变更管护、留置措施。监察机关收到申请后,应当在三日以内作出决定;不同意变更措施的,应当告知申请人,并说明不同意的理由"。(第五十条第二款)

第五十一条 【调查工作结束后的全面审理】监察机关在调查工作结束后，应当依法对案件事实和证据、性质认定、程序手续、涉案财物等进行全面审理，形成审理报告，提请集体审议。

第五十二条 【根据监督、调查结果对被调查人进行处置】监察机关根据监督、调查结果，依法作出如下处置：

（一）对有职务违法行为但情节较轻的公职人员，按照管理权限，直接或者委托有关机关、人员，进行谈话提醒、批评教育、责令检查，或者予以诫勉；

（二）对违法的公职人员依照法定程序作出警告、记过、记大过、降级、撤职、开除等政务处分决定；

（三）对不履行或者不正确履行职责负有责任的领导人员，按照管理权限对其直接作出问责决定，或者向有权作出问责决定的机关提出问责建议；

（四）对涉嫌职务犯罪的，监察机关经调查认为犯罪事实清楚，证据确实、充分的，制作起诉意见书，连同案卷材料、证据一并移送人民检察院依法审查、提起公诉；

（五）对监察对象所在单位廉政建设和履行职责存在的问题等提出监察建议。

监察机关经调查，对没有证据证明被调查人存在违法犯罪行为的，应当撤销案件，并通知被调查人所在单位。

第五十三条 【涉案财物的处置】监察机关经调查，对违法取得的财物，依法予以没收、追缴或者责令退赔；对涉嫌犯罪取得的财物，应当随案移送人民检察院。

第五十四条 【检察机关对监察机关移送的案件的处理】对监察机关移送的案件，人民检察院依照《中华人民共和国刑事诉讼法》对被调查人采取强制措施。

人民检察院经审查，认为犯罪事实已经查清，证据确实、充分，依法应当追究刑事责任的，应当作出起诉决定。

人民检察院经审查，认为需要补充核实的，应当退回监察机关补充调查，必要时可以自行补充侦查。对于补充调查的案件，应当在一个月内补充调查完毕。补充调查以二次为限。

人民检察院对于有《中华人民共和国刑事诉讼

法》规定的不起诉的情形的，经上一级人民检察院批准，依法作出不起诉的决定。监察机关认为不起诉的决定有错误的，可以向上一级人民检察院提请复议。

第五十五条 【被调查人逃匿、死亡案件违法所得的没收】监察机关在调查贪污贿赂、失职渎职等职务犯罪案件过程中，被调查人逃匿或者死亡，有必要继续调查的，应当继续调查并作出结论。被调查人逃匿，在通缉一年后不能到案，或者死亡的，由监察机关提请人民检察院依照法定程序，向人民法院提出没收违法所得的申请。

第五十六条 【监察对象申请复审、复核】监察对象对监察机关作出的涉及本人的处理决定不服的，可以在收到处理决定之日起一个月内，向作出决定的监察机关申请复审，复审机关应当在一个月内作出复审决定；监察对象对复审决定仍不服的，可以在收到复审决定之日起一个月内，向上一级监察机关申请复核，复核机关应当在二个月内作出复核决定。复审、复核期间，不停止原处理决定的执行。复核机关经审查，认定处理决定有错误的，原处理机关应当及时予以纠正。

第六章　反腐败国际合作

第五十七条　【国家监察委员会统筹协调反腐败国际交流、合作】国家监察委员会统筹协调与其他国家、地区、国际组织开展的反腐败国际交流、合作，组织反腐败国际条约实施工作。

第五十八条　【反腐败执法司法合作和司法协助】国家监察委员会会同有关单位加强与有关国家、地区、国际组织在反腐败方面开展引渡、移管被判刑人、遣返、联合调查、调查取证、资产追缴和信息交流等执法司法合作和司法协助。

第五十九条　【反腐败国际追逃追赃和防逃工作】国家监察委员会加强对反腐败国际追逃追赃和防逃工作的组织协调，督促有关单位做好相关工作：

（一）对于重大贪污贿赂、失职渎职等职务犯罪案件，被调查人逃匿到国（境）外，掌握证据比较确凿的，通过开展境外追逃合作，追捕归案；

（二）向赃款赃物所在国请求查询、冻结、扣押、没收、追缴、返还涉案资产；

(三)查询、监控涉嫌职务犯罪的公职人员及其相关人员进出国(境)和跨境资金流动情况,在调查案件过程中设置防逃程序。

知识点　国家监察委员会在反腐败国际合作中的工作职责

国家监察委员会统筹协调与其他国家、地区、国际组织开展反腐败国际交流、合作。国家监察委员会组织《联合国反腐败公约》等反腐败国际条约的实施以及履约审议等工作,承担《联合国反腐败公约》司法协助中央机关有关工作。国家监察委员会组织协调有关单位建立集中统一、高效顺畅的反腐败国际追逃追赃和防逃协调机制,统筹协调、督促指导各级监察机关反腐败国际追逃追赃等涉外案件办理工作,具体履行下列职责:(1)制定反腐败国际追逃追赃和防逃工作计划,研究工作中的重要问题;(2)组织协调反腐败国际追逃追赃等重大涉外案件办理工作;(3)办理由国家监察委员会管辖的涉外案件;(4)指导地方各级监察机关依法开展涉外案件办理工作;(5)汇总和通报全国职务犯罪外逃案件信息和追逃追赃工作信息;(6)建立健全反腐败国际追逃追赃和防逃合作网络;(7)承担监察机关开展国际刑事司法协助的主管

机关职责；（8）承担其他与反腐败国际追逃追赃等涉外案件办理工作相关的职责。(《监察法实施条例》第二百三十四条）

案例

"红通人员"王某回国投案①

在中央反腐败协调小组国际追逃追赃工作办公室统筹协调下，经某省追逃办和该省某市纪检监察机关不懈努力，"红通人员"王某回国投案。王某，原系某省某市公路局党委书记、局长，涉嫌收受他人贿赂，2014年5月外逃。2016年4月，国际刑警组织对其发布红色通报。办案机关积极开展国际执法合作，依法扣押冻结了其涉案财物。

中央追逃办负责人表示，王某回国投案是纪检监察机关落实党的二十大精神和中央纪委二次全会部署，持续开展"天网行动"的重要成果，充分彰显了我们"有逃必追、一追到底"的鲜明立场和坚定决心。我们将继

---

① 参见《"红通人员"王东生回国投案》，载中央纪委国家监委网站，https：//www.ccdi.gov.cn/gzdtn/gjhz/202302/t20230216_247214.html，最后访问时间：2024年12月25日。

续深化反腐败国际合作，一体构建追逃防逃追赃机制，始终保持高压态势，让已经外逃的无处藏身，让企图外逃的丢掉幻想。

评析

2018年3月20日起施行的《监察法》第六章对反腐败国际合作进行了规定，内容包括国家监察委员会统筹协调与其他国家、地区、国际组织开展的反腐败国际交流、合作，组织反腐败国际条约实施工作；组织协调有关方面加强与有关国家、地区、国际组织在反腐败执法、引渡、司法协助、被判刑人的移管、资产追回和信息交流等领域的合作；加强对反腐败国际追逃追赃和防逃工作的组织协调等。

2021年9月20日起施行的《监察法实施条例》对上述《监察法》的相关规定进行了细化，明确了反腐败国际合作的工作职责和领导体制、国（境）内工作、对外合作等事项，以更好地指导实践，更加行之有效地开展反腐败国际合作和追逃追赃等工作。

2024年修正的《监察法》充实了反腐败国际合作相关规定，将2018年3月20日起施行的《监察法》第五十一条改为第五十八条，修改为："国家监察委员会会同有关单位加强与有关国家、地区、国际组织在反腐败方面开展引渡、移管被判刑人、遣返、联合调查、调查取证、资产追缴和信息交流等执法司法合作和司法协助。"

第七章　对监察机关和监察人员的监督

第六十条　【人大监督】各级监察委员会应当接受本级人民代表大会及其常务委员会的监督。

各级人民代表大会常务委员会听取和审议本级监察委员会的专项工作报告,组织执法检查。

县级以上各级人民代表大会及其常务委员会举行会议时,人民代表大会代表或者常务委员会组成人员可以依照法律规定的程序,就监察工作中的有关问题提出询问或者质询。

第六十一条　【外部监督】监察机关应当依法公开监察工作信息,接受民主监督、社会监督、舆论监督。

第六十二条　【特约监察员】监察机关根据工作需要,可以从各方面代表中聘请特约监察员。特约监察员按照规定对监察机关及其工作人员履行职责情况实行监督。

第六十三条 【内部监督】监察机关通过设立内部专门的监督机构等方式，加强对监察人员执行职务和遵守法律情况的监督，建设忠诚、干净、担当的监察队伍。

第六十四条 【禁闭措施】监察人员涉嫌严重职务违法或者职务犯罪，为防止造成更为严重的后果或者恶劣影响，监察机关经依法审批，可以对其采取禁闭措施。禁闭的期限不得超过七日。

被禁闭人员应当配合监察机关调查。监察机关经调查发现被禁闭人员符合管护或者留置条件的，可以对其采取管护或者留置措施。

本法第五十条的规定，适用于禁闭措施。

第六十五条 【监察人员的守法义务和业务能力等要求】监察人员必须模范遵守宪法和法律，忠于职守、秉公执法，清正廉洁、保守秘密；必须具有良好的政治素质，熟悉监察业务，具备运用法律、法规、政策和调查取证等能力，自觉接受监督。

第六十六条 【对监察人员有关情况的报告备案】对于监察人员打听案情、过问案件、说情干预的，办理监察事项的监察人员应当及时报告。有关情况应当登记备案。

发现办理监察事项的监察人员未经批准接触被调查人、涉案人员及其特定关系人，或者存在交往情形的，知情人应当及时报告。有关情况应当登记备案。

第六十七条 【回避制度】办理监察事项的监察人员有下列情形之一的，应当自行回避，监察对象、检举人及其他有关人员也有权要求其回避：

（一）是监察对象或者检举人的近亲属的；

（二）担任过本案的证人的；

（三）本人或者其近亲属与办理的监察事项有利害关系的；

（四）有可能影响监察事项公正处理的其他情形的。

第六十八条 【监察人员离岗离职的脱密期管理和从业限制】监察机关涉密人员离岗离职后，应当遵守脱密期管理规定，严格履行保密义务，不得泄露相关秘密。

监察人员辞职、退休三年内，不得从事与监察和司法工作相关联且可能发生利益冲突的职业。

第六十九条 【申诉制度】监察机关及其工作人员有下列行为之一的,被调查人及其近亲属、利害关系人有权向该机关申诉:

(一)采取强制到案、责令候查、管护、留置或者禁闭措施法定期限届满,不予以解除或者变更的;

(二)查封、扣押、冻结与案件无关或者明显超出涉案范围的财物的;

(三)应当解除查封、扣押、冻结措施而不解除的;

(四)贪污、挪用、私分、调换或者违反规定使用查封、扣押、冻结的财物的;

(五)利用职权非法干扰企业生产经营或者侵害企业经营者人身权利、财产权利和其他合法权益的;

(六)其他违反法律法规、侵害被调查人合法权益的行为。

受理申诉的监察机关应当在受理申诉之日起一个月内作出处理决定。申诉人对处理决定不服的,可以在收到处理决定之日起一个月内向上一级监察机关申请复查,上一级监察机关应当在收到复查申请之日起二个月内作出处理决定，情况属实的，及时予以纠正。

第七十条 【负有责任的领导人员和直接责任人员的责任追究】对调查工作结束后发现立案依据不充分或者失实，案件处置出现重大失误，监察人员严重违法的，应当追究负有责任的领导人员和直接责任人员的责任。

知识点 加强对监察机关和监察人员的监督

《监察法》从以下几个方面加强对监察机关和监察人员的监督：

一是人大监督。第六十条第一款、第二款规定："各级监察委员会应当接受本级人民代表大会及其常务委员会的监督。各级人民代表大会常务委员会听取和审议本级监察委员会的专项工作报告，组织执法检查。"

二是民主监督、社会监督、舆论监督。如规定"依法公开监察工作信息"（第六十一条），"从各方面代表中聘请特约监察员"（第六十二条）等。

三是强化内部监督。如规定"设立内部专门的监督机构"（第六十三条），对"涉嫌严重职务违法或者职务犯罪"的监察人员采取"禁闭措施"（第六十四条），对监察人员"打听案情、过问案件、说情干预"的报告和登记备案（第六十六条），还规定了监察人员的回避（第六十七条），脱密期管理和辞职、退休后的从业限制（第六十八条）等制度。

四是明确监察机关及其工作人员的法律责任。如在第七十四条中规定了监察机关及其工作人员有何种行为时对负有责任的领导人员和直接责任人员依法给予处理。第七十六条还规定了监察机关及其工作人员行使职权，侵犯公民、法人和其他组织的合法权益造成损害的，依法给予国家赔偿。

第八章 法律责任

第七十一条 【对拒不执行处理决定或者无正当理由拒不采纳监察建议的处理】有关单位拒不执行监察机关作出的处理决定，或者无正当理由拒不采纳监察建议的，由其主管部门、上级机关责令改正，对单位给予通报批评；对负有责任的领导人员和直接责任人员依法给予处理。

知识点 监察建议和监察建议书

监察机关根据监督、调查结果，发现监察对象所在单位在廉政建设、权力制约、监督管理、制度执行以及履行职责等方面存在问题需要整改纠正的，依法提出监察建议。监察机关应当跟踪了解监察建议的采纳情况，指导、督促有关单位限期整改，推动监察建议落实到位。(《监察法实施条例》第三十六条)

　　监察机关依法向监察对象所在单位提出监察建议的，应当经审批制作监察建议书。监察建议书一般应当包括下列内容：(1)监督调查情况；(2)调查中发现的主要问题及其产生的原因；(3)整改建议、要求和期限；(4)向监察机关反馈整改情况的要求。(《监察法实施条例》第二百零五条)

第七十二条　【对阻碍、干扰监察工作的处理】有关人员违反本法规定，有下列行为之一的，由其所在单位、主管部门、上级机关或者监察机关责令改正，依法给予处理：

　　(一)不按要求提供有关材料，拒绝、阻碍调查措施实施等拒不配合监察机关调查的；

　　(二)提供虚假情况，掩盖事实真相的；

　　(三)串供或者伪造、隐匿、毁灭证据的；

（四）阻止他人揭发检举、提供证据的；

（五）其他违反本法规定的行为，情节严重的。

第七十三条 【对报复陷害、诬告陷害的处理】监察对象对控告人、检举人、证人或者监察人员进行报复陷害的；控告人、检举人、证人捏造事实诬告陷害监察对象的，依法给予处理。

知识点 纪检监察机关处理检举控告工作的原则

2020年1月21日中共中央办公厅发布的《纪检监察机关处理检举控告工作规则》第五条规定，纪检监察机关处理检举控告工作应当遵循以下原则：（1）实事求是。以事实为依据处理检举控告，鼓励支持检举控告人客观真实地反映情况。（2）依规依纪依法。按照党章党规党纪和宪法法律以及信访工作有关规定处理检举控告，引导检举控告人依规依法、理性有序地反映问题。（3）保障合法权利。贯彻"三个区分开来"要求，既保障检举控告人的监督权利，又查处诬告陷害行为，保护党员、干部干事创业积极性。（4）分级负责、分工处理。按照管理权限受理检举控告，建立信访举报、监督检查、审查调查、案件监督管理等部门相互配合、相互制约的工作机制。

第七十四条 【对监察机关及其工作人员违法行使职权的责任追究】监察机关及其工作人员有下列行为之一的,对负有责任的领导人员和直接责任人员依法给予处理:

(一)未经批准、授权处置问题线索,发现重大案情隐瞒不报,或者私自留存、处理涉案材料的;

(二)利用职权或者职务上的影响干预调查工作、以案谋私的;

(三)违法窃取、泄露调查工作信息,或者泄露举报事项、举报受理情况以及举报人信息的;

(四)对被调查人或者涉案人员逼供、诱供,或者侮辱、打骂、虐待、体罚或者变相体罚的;

(五)违反规定处置查封、扣押、冻结的财物的;

(六)违反规定发生办案安全事故,或者发生安全事故后隐瞒不报、报告失实、处置不当的;

(七)违反规定采取强制到案、责令候查、管护、留置或者禁闭措施,或者法定期限届满,不予以解除或者变更的;

(八)违反规定采取技术调查、限制出境措

施，或者不按规定解除技术调查、限制出境措施的；

（九）利用职权非法干扰企业生产经营或者侵害企业经营者人身权利、财产权利和其他合法权益的；

（十）其他滥用职权、玩忽职守、徇私舞弊的行为。

―――――― 案例 ――――――

某区纪委监委环保问责简单泛化案[①]

2021年1月，某省生态环境保护督察组（以下简称督察组）在A市开展环保督察期间，该市B区纪委监委根据督察组移交的问题线索，在未按程序报请区委主要负责人批准的情况下，对A市生态环境局B分局（系B区政府组成部门）党组书记、局长张某等人启动问责调查，共处置问题线索20批90件，问责88

[①] 参见《中央纪委国家监委发布第二批执纪执法指导性案例》，载中央纪委国家监委网站，https：//www.ccdi.gov.cn/toutiaon/202112/t20211229_160814.html，最后访问时间：2024年12月25日。

人次。其中，B区纪委监委认定，张某对督察组移交、群众反映的2020年5月以来某企业污水扰民、某餐馆油烟污染、某店铺严重噪声污染等问题整治不力，应负领导责任，决定以谈话方式给予其诫勉问责；A市生态环境局B分局时任党组成员、副局长王某分管上述工作，应负领导责任，在1个月内因上述同类事由先后给予其6次问责（通报问责3次、书面诫勉问责1次、党内警告处分1次、免职问责1次）；对于2020年3月以来一直在外脱产学习、未实际协管上述工作的三级主任科员郑某、李某和四级主任科员邓某，仅依据各自岗位职责，决定给予该3人党内严重警告、政务记大过处分。B区纪委监委在给予上述人员处理、处分前，未形成事实材料与其见面核对并听取其陈述和申辩。

此后，省委巡视组在有关专项巡视中发现上述问责存在简单泛化，未履行处理、处分所依据的事实材料应当同本人见面的程序等问题，并移交A市纪委监委处理。A市纪委监委按程序核查后，责令B区纪委监委及时依规依纪依法予以纠正。

> 评析

各级纪检监察机关在开展问责工作时，一定要做到调查取证细之又细、定性处理慎之又慎、自我约束严之又严，防止出现问责不力或者问责泛化、简单化等问题，力求取得"问责一个、警醒一片、促进一方工作"的良好效果。同时，上级纪检监察机关要加强督促指导，及时纠正问责不精准、处理不平衡等问题，确保问责质效。

第七十五条　【对构成犯罪的追究刑事责任】违反本法规定，构成犯罪的，依法追究刑事责任。

第七十六条　【监察机关的国家赔偿责任】监察机关及其工作人员行使职权，侵犯公民、法人和其他组织的合法权益造成损害的，依法给予国家赔偿。

第九章　附　　则

第七十七条　【中国人民解放军和中国人民武装警察部队开展监察工作的特殊规定】中国人民解

放军和中国人民武装警察部队开展监察工作，由中央军事委员会根据本法制定具体规定。

　　第七十八条　【施行时间】本法自公布之日起施行。《中华人民共和国行政监察法》同时废止。

图书在版编目（CIP）数据

监察法学习宣传本／中国法治出版社编．-- 北京：中国法治出版社，2025.1.-- ISBN 978-7-5216-4957-4

Ⅰ．D922.114.4

中国国家版本馆 CIP 数据核字第 20247PH001 号

责任编辑：王妤娇　　　　　　　　　封面设计：杨泽江

监察法学习宣传本
JIANCHAFA XUEXI XUANCHUANBEN

编者/中国法治出版社
经销/新华书店
印刷/鸿博睿特（天津）印刷科技有限公司
开本/850 毫米×1168 毫米　32 开　　　印张/ 2.25　字数/ 33 千
版次/2025 年 1 月第 1 版　　　　　　　2025 年 1 月第 1 次印刷

中国法治出版社出版
书号 ISBN 978-7-5216-4957-4　　　　　　定价：10.00 元

北京市西城区西便门西里甲 16 号西便门办公区
邮政编码：100053　　　　　　　　　　　传真：010-63141600
网址：http://www.zgfzs.com　　　　　　编辑部电话：010-63141816
市场营销部电话：010-63141612　　　　印务部电话：010-63141606

（如有印装质量问题，请与本社印务部联系。）